GUÍA DE LECTURA

Escrita por Aude Decelle
Traducida por Marta Sánchez Hidalgo

Matar a un ruiseñor

de Harper Lee

Entiende fácilmente la literatura con

ResumenExpress.com

www.resumenexpress.com

NELL HARPER LEE

ESCRITORA ESTADOUNIDENSE

- **Nacida en 1926 en Alabama (Estados Unidos)**
- **Su obra más importante es:**
    - *Matar a un ruiseñor* (1960), novela

Nacida en 1926 en Alabama, Nell Harper Lee estudió derecho antes de marcharse a vivir a Nueva York, donde encontró un empleo en una compañía aérea, dedicando su tiempo libre a la escritura. *Matar a un ruiseñor*, publicada en 1960, conoció un éxito inmediato. Fue adaptada al cine dos años más tarde por Robert Mulligan con la actuación de Gregory Peck. Sin embargo, fue la única obra que publicó Nell Harper Lee, cuya vida es todavía un misterio.

MATAR A UN RUISEÑOR

LA MIRADA DE UN NIÑO SOBRE LA GRAVEDAD DEL MUNDO

- **Género:** novela
- **Edición de referencia:** Lee, Harper. 2009. *Matar a un ruiseñor*. Traducido por Baldomero Porta. Barcelona: Zeta Bolsillo
- **Primera edición:** 1960
- **Temas:** infancia, racismo, desilusión, intolerancia, juicio.

Publicado en 1960 en América del Norte, en el corazón de la lucha por los derechos cívicos de los negros, *Matar a un ruiseñor* obtuvo el premio Pulitzer en 1961 y se vendieron más de treinta millones de ejemplares en el mundo. Esta novela iniciática describe una parte de la vida de Scout, una niña de 7 años, en el momento en que su padre, que es abogado, tiene que defender a un hombre negro por ser acusado de haber violado a una blanca.

La historia, que tiene lugar en una pequeña ciudad de Alabama en los años treinta durante la Gran Depresión, se beneficia del tono ingenuo y divertido de Scout, la protagonista, porque mezcla la ligereza de los recuerdos de la infancia con la gravedad del racismo y la estupidez ordinaria.

RESUMEN

El relato tiene lugar en Maycomb, Alabama, durante los años treinta. Scout y Jem Finch son una niña y un niño de entre 6 y 10 años de edad. Viven cerca de un edificio que les intriga y les aterra: la casa de los Radley, donde viva recluida una extraña familia. Durante las vacaciones, conocen a otro niño, Dill, que se hospeda en casa de su tía. Rápidamente los tres niños se hacen amigos. Juegan juntos y, en el verano siguiente, inventan un juego de rol en torno a los Radley, a pesar de la prohibición de Atticus, el padre de Scout y Jem. Una tarde, los niños se aventuran hasta el porche de los Radley, donde una sombra aparece haciéndoles huir. De repente, suena un disparo. Los niños se marchan a toda velocidad muertos de miedo. En el camino, Jem pierde el pantalón. Cuando vuelven, Dill se inventa una tontería a modo de excusa.

En septiembre, Scout va al colegio por primera vez, pero se desilusiona debido a su profesora, Miss Caroline, y a su manera de enseñar poco adaptada a los niños pobres de Maycomb. Scout, que sabe leer y escribir desde hacía mucho tiempo, se gana la antipatía de la maestra, que le prohíbe leer, lo que le supone un castigo terrible ya que le encanta descifrar el periódico de su padre. Al final de ese día decepcionante, la niña no quiere volver al colegio. Su padre le propone entonces un trato: podrá seguir leyendo el perió-dico con él si continúa yendo al colegio. Acepta. Un día, en el camino de vuelta, encuentra unos chicles escondidos en un árbol delante de la propiedad de los Radley. Esto ocurrirá varias veces. Sin embargo, una mañana Jem descubre muy afectada que han tapado la apertura con cemento.

Llega el invierno y nieva, hecho insólito en Maycomb. Ese día los colegios permanecen cerrados. Jem y Scout fabrican su primer muñeco de nieve. Por la noche, Atticus despierta a los niños y les hace salir a la calle porque la casa del vecino se ha incendiado. Sin que Scout se percate, Arthur Radley le cubre los hombros con una manta.

El padre de los niños es abogado y será el defensor público en el juicio de Tom Robinson, un hombre negro acusado de haber violado a una mujer blanca. En el colegio y en la ciudad las reacciones contra Atticus se vuelven agresivas y Scout se pelea con un alumno que se burla de su padre. Este intenta concienciarla del juicio que tendrá lugar y de sus consecuencias para la familia. Un día de camino a la ciudad, Scout y Jem pasan delante de la casa de Mrs. Dubose, una anciana, enferma y gruñona, que los provoca por el juicio. Furiosos, Jem estropea sus flores. Atticus le pide que vaya a pedirle perdón. Mrs. Dubose exige que le lea durante un mes como compensación. Los dos niños van todas las noches a casa de la anciana. Tras su muerte, descubrirán que su presencia le ayudaba a dejar la morfina.

Al acercarse el juicio de Tom Robinson, se multiplican las reacciones hostiles contra la familia. Una tarde, sintiendo que algo iba mal, Atticus acude a la cárcel donde está encerrado Tom Robinson. Los niños, intrigados al verlo salir, van a en su busca. Asisten a una fuerte disputa entre él y unos granjeros que han venido para linchar al prisionero. Aunque no consigue descifrar totalmente la situación, Scout consigue resolver el conflicto gracias a su ingenuidad.

En navidad el tío Jack les hace una visita. Después se reencuentran con la tía Alexandra, una mujer de mente cerrada y bastante crítica. Tiene un nieto de la edad de Scout. Los dos niños discutirán sobre el juicio.

Jem, por su parte, experimentará un gran cambio: crece, se aísla y Scout lo comprende cada vez menos. Se entera de que Dill no volverá ese verano. Pero una noche, los dos niños descubren que el joven se ha fugado de su casa y se ha escondido debajo de la cama los niños. Atticus permite que se quede unos días. Por otro lado, la tía Alexandra se muda con ellos. Sin embargo, la convivencia no es fácil y estallan numerosas peleas.

El día del juicio, parece que toda la región ha acudido al tribunal. Los niños van también y, como no encuentran un sitio, se sientan en las tribunas reservadas a los negros. El juicio comienza con el testimonio de Bob Ewell, padre de la joven que dice haber sido violada. Los Ewell forman parte del sector más pobre y más despreciado de la ciudad. Atticus siembra la duda sobre la idea de que el acusado haya podido herir a Mayella, ya que tiene un brazo atrofiado.

Cuando le toca el turno a Mayella, su confuso testimonio traiciona la miseria de sus condiciones de vida, pero insiste en acusar a Tom Robinson de haberla violado y golpeado. Finalmente, el acusado toma la palabra y describe la escena en la que Mayella, sola, le atrajo a su casa. Al ser rechazada por Tom y ante la sorpresa de su padre, se inventó la historia de la violación. Atticus defiende la versión de Tom Robinson y pone de relieve el peso de los prejuicios racistas en el caso. A pesar de todo, el acusado es declarado culpable. Los niños se quedan totalmente sorprendidos.

En la mañana del día siguiente, Atticus, emocionado, descubre que la comunidad negra le está agradecida al ver una gran cantidad de comida que han dejado en su porche. Vuelve a la ciudad donde Bob Ewell le escupe y lo amenaza. Más tarde, Atticus regresa y averigua que han matado a Tom Robinson en un intento de fuga.

Alexandra organiza una merienda con las señoras de Maycomb. Scout no se siente cómoda en la reunión femenina que no consigue comprender. Impresionada por su tía que se desenvuelve con humanidad y valentía, Scout reconsidera su opinión sobre de su tía y sobre la idea de convertirse en una señora.

Cuando el colegio retoma las clases, Jem, que ha crecido, se aísla más todavía. Aunque la casa de los Radley los asuste menos, Scout sigue igualmente intrigada por ella.

Por otro lado, las cosas retoman su cauce para Atticus, a excepción de varios incidentes relacionados con Bob Ewell. La noche de Halloween, Scout tiene que participar en un espectáculo en homenaje a la historia de la ciudad donde los niños desfilan, disfrazados de diferentes productos de alimentación – Scout se viste de jamón. Pero, durante la representación, se queda dormida en los bastidores y hace su entrada demasiado tarde. Avergonzada, prefiere ocultarse en su disfraz de jamón para volver a casa.

En el camino, Jem y Scout son agredidos, aunque consiguen salvarse gracias a la intervención de Arthur Radley. Cuando el sherif acude al lugar de la agresión, se encuentra con Bob Ewell que ha sido apuñalado y que ha muerto. Todos descubren entonces que Bob Ewell ha intentado matar a los niños. Atticus piensa que Jem, al tratar de defenderse, ha matado a Bob Ewell. El sherif le hace ver que Arthur Radley apuñaló a Bob Ewell, pero es mejor que no se sepa.

ESTUDIO DE LOS PERSONAJES

SCOUT (JEAN LOUISE FINCH)

Jean Louise Finch, conocida como Scout, es la heroína y la narradora del libro. Tiene seis años al principio de la historia. Es una niña pequeña muy viva, poco femenina (no duda en pegar a los niños que la molestan), y está muy unida a Jem, su hermano mayor, con quien tiene una gran complicidad. Tiene amigos, pero curiosamente ninguno de ellos es una chica y no hay ningún otro personaje femenino de su edad en el libro.

Es una niña que reflexiona y analiza su entorno: hace muchas preguntas a los adultos, tratando de comprender, y observa mucho el mundo a su alrededor. A veces inocente, otras veces terriblemente lúcida, no siempre sabe interpretar el mundo de los adultos que para ella sigue siendo una fuente constante de perplejidad. Su visión humorística del mundo pone de relieve el carácter absurdo y las contradicciones de las reglas establecidas por la sociedad, pero también encarna el lado egocéntrico e ingenuo de la infancia.

Impulsiva y despreocupada al comienzo de la novela, evoluciona hacia la sabiduría y la madurez a medida que pasan los meses y que se enfrenta al mal (racismo, injusticias). Su padre la guía hacia un compromiso que acepte el mundo real y respete los principios morales esenciales.

JEM (JEREMY FINCH)

Jem, el hermano de Scout, hermano mayor por cuatro años, evoluciona igualmente en el transcurso del relato: pasa de niño pequeño a hombrecillo. Desempeña su papel de hermano mayor a la perfección, conduciendo a Scout a gran parte de sus aventuras, protegiéndola a veces, consolándola por momentos y, sobre todo, enseñándole «grandes lecciones de vida»: como es mayor que su hermana, le puede explicar la percepción que tiene sobre el mundo que les rodea.

A diferencia de Scout, que no la conoció mucho, Jem recuerda con tristeza a su madre, que murió unos años antes, y cuyo recuerda le invade de nostalgia.

DILL (CHARLES BAKER HARRIS)

Dill, amigo de Scout y Jem, es un niño huérfano que pasa las vacaciones de verano en casa de la vecina Miss Rachel Haverford, a la que él llama su tía. Desbordado por una gran imaginación, siempre está dispuesto a inventar historias increíbles. Dice que es el novio de Scout, lo que queda de manifiesto en sus besos furtivos y en algunas cartas de gran ternura. Su personaje se inspiró de Truman Capote, al que la autora conoció cuando era pequeña.

ATTICUS FINCH

Atticus es el padre de Scout y de Jem. Este viudo, de unos cincuenta años de edad, ha criado a sus hijos solo, siguiendo una serie de principios bastantes liberales para la época. Es abogado, se toma muy en serio la defensa de Tom Robinson, acusado injustamente de haber violado a una mujer blanca, aunque sabe que ya ha perdido la partida.

Es comprensivo, un buen psicólogo para sus hijos. Sabe alternar la mano dura y la flexibilidad. La libertad con la que los educa no siempre es bien recibida en la pequeña ciudad beata del sur de Estados Unidos donde ellos viven, y su hermana le reprocha haber educado a Scout y a Jem como unos salvajes – el colmo es cuando Scout se pone un mono y no un bonito vestido como es natural en las niñas de su edad.

CALPURNIA

Calpurnia, la cocinera negra de los Finch, forma parte de la familia y participa en la educación de los niños, que perdieron muy pronto a su madre. Severa pero justa ella también, está de acuerdo con Atticus Finch en la mayoría de los principios educativos y morales que les han inculcado. Gracias a ella, Scout aprende a escribir. Calpurnia es una de las pocas personas de la comunidad negra que sabe leer.

LA TÍA ALEXANDRA

La tía Alexandra, hermana de Atticus, vive en un mundo de principios muy estrictos y lleva mal la manera en que su hermano ha educado a sus hijos. Cree que está autorizada a intervenir en su educación e intenta hacer de Scout una joven «como Dios manda», obligándola a ponerse vestidos y a asistir a las meriendas que organiza con las señoras de Maycomb.

Es, sin embargo, leal a Atticus, y una fuente de apoyo durante y después del reto que supone el juicio de Tom Robinson, donde se revela más humana de lo que parece.

LOS VECINOS

En esta pequeña ciudad todo el mundo se conoce, las relaciones entre los vecinos son bastante cercanas. Scout ha identificado bastante bien los vecinos que son hostiles con ellos o indiferentes (Miss Stephanie Crawford, una mujer chismosa y charlatana que nunca se queda sin cotilleos) y aquellos con los que pueden contar, como Miss Maudie Atkinson, una viuda de la edad de Atticus, de mente abierta y noble como la suya.

Entre las casas más cercanas, una de ellas despierta la curiosidad de los habitantes de Maycomb en general, y de los hermanos Finch en particular. Se trata de la casa donde viven los Radley, que nunca se dejan ver, y cuyo hijo, Arthur «Boo», tiene fama de haber llevado a cabo grandes atrocidades.

CLAVES DE LECTURA

LA ESCRITURA DE LA INFANCIA: ¿REALISMO O ENGAÑO?

Novela de la infancia contada por Scout, que tiene 6 años al comienzo de la novela, y 9 al final, *Matar a un ruiseñor* presenta una doble mirada, al mismo tiempo ingenua y lúcida, y a veces rozando el cinismo. En ello el lector siente la presencia del adulto que escribe y se aprovecha del narrador infantil para mezclar análisis a veces simplistas con realidades muy crudas. Incluso cuando Scout se equivoca y su percepción de la situación es falsa, la autora interviene reemplazando el tono para hacer evidente el error de la joven narradora. El efecto es en general muy cómico y el tono se impregna de este gran humor desde el comienzo hasta el final de la novela.

El ritmo binario de la narración, con la oposición verano (vacaciones)/ período escolar, pone en evidencia el estupendo espacio de libertad que representan las vacaciones para un niño. Es el momento de jugar, de descubrir, de aprender y de madurar. Los días parecen dilatarse mientras que los momentos pasados en el colegio, a excepción del primer día de Scout que se describe detalladamente, se pasan por alto y son sometidos a una elipsis temporal.

UNA NOVELA INICIÁTICA: DE LA INFANCIA FELIZ A LA DESILUSIÓN

Los dos protagonistas principales, Scout y su hermano Jem,

crecen bajo la mirada del lector y pasan de la categoría de niños ingenuos al de jóvenes en transcurso. Su evolución se configura de anécdota en anécdota – la novela se asemeja a veces a una colección de novelas que podrían leerse de manera independiente. Algunas de ellas son ligeras, otras más profundas. Cada pequeña historia parece una ocasión para que los niños reciban una lección de vida, para descubrir rasgos de la naturaleza humana y aprender a conocer al otro y a aceptar las diferencias. Su padre es un verdadero guía que siempre parece justo y perspicaz y que nunca se deja dominar por emociones negativas o demasiado subjetivas.

El lector sigue en particular la evolución de Scout, dado que es la narradora. A medida que progresa el relato, Scout experimenta una desilusión tras otra. Primero debe renunciar a sus ideas sobre el colegio al darse cuenta de que no va aprender nada. Aprende también a separarse poco a poco de su hermano que, como está creciendo, necesita a veces alejarse y romper la complicidad tan fuerte que les une. Al separarse de él, va a considerar su destino de mujer y a elegir un modelo femenino, su tía, en quien finalmente reconocerá algunas cualidades.

El juicio enseña a los tres niños hasta qué punto la justicia humana es injusta e imperfecta, reflejo del mundo de los hombres que parece duro y cruel. Sin embargo, en el análisis que hace el padre de la situación hay un resquicio de esperanza. Atticu Finch sabe encontrar resquicios de positividad en un océano de desastres. Frente al veredicto injusto del jurado, explica a sus hijos que él también ha obtenido algo luchando para defender a Tom Robinson: el caso ha sido objeto de una larga deliberación, lo que refleja un cierto progreso con respecto a los otros casos donde se juzgaban automáticamente a los negros culpables. Encuentra consuelo en esto, puesto que el fracaso en el juicio le ha afectado de manera extrema, aunque supiera el resultado de antemano.

Hasta el final de la novela, después de que Bob Ewell agrediera a los niños, Scout no se da cuenta hasta qué punto todos estos acontecimientos han hecho que tanto ella como su hermano maduren: «[...] pensé que Jem y yo llegaríamos a mayores, pero que ya no podíamos aprender muchas cosas más, excepto posiblemente álgebra» (Lee 2009).

UNA EDUCACIÓN VANGUARDISTA

A lo largo de la novela, Atticus actúa como un referente para Scout. Aunque exige mucho a su hija, también la respeta mucho y tanto su amor como su actitud tierna y comprensiva ayudan a la niña a no perder el rumbo.

Trata a los niños con respeto y les habla como si fueran adultos, pero al mismo tiempo es consciente de los límites de los niños. Así, ante las preguntas de sus hijos, actúa con honestidad y no intenta ocultarles nada. Al contrario, trata de ofrecerles los mejores indicios para descifrar el mundo y para prepararlos para el futuro. Incluso en los momentos duros o en los conflictos, les enseña a ponerse en la piel de los demás en lugar de odiarlos o despreciarlos, y les repite que hay que evitar juzgarlos.

Transmite mucho a través de su educación y los debates y

también a través del ejemplo de un hombre íntegro y profundamente humano, que no duda en defender una causa perdida porque es necesario que alguien lo haga y porque es lo suficientemente fuerte para llevar esa carga. Es un personaje de reflejos cristianos, en cuanto que tiene que afrontar, a petición de los demás, aquello que los otros no se atreven a afrontar, acarreando el peso de la injusticia de una sociedad inestable; en este sentido, el juicio es su «camino hacia la cruz», que culmina con el fracaso final del veredicto. Pero supera finalmente esta prueba, a la que consigue darle un giro positivo, proporcionándoles a los niños una lección de valentía y dignidad, como es costumbre en ese personaje a lo largo del relato.

Sea como fuere, se constituye como un padre moderno en esta ciudad pequeña y rural de los años treinta en el sur de los Estados Unidos.

RACISMO E INTOLERANCIA EN LA AMÉRICA RURAL DE LOS AÑOS TREINTA

El telón de fondo del relato es el racismo con el juicio a un hombre negro, la segregación y las reglas que determinan las relaciones entre negros y blancos también están presentes, pero de manera implícita a lo largo del relato. Esto corresponde a la realidad de la época: ambos bandos vivían separados, y la injusticia y el racismo reinaban en la vida cotidiana de la comunidad negra. No hay que olvidar que las primeras acciones de Martin Luther King (pastor americano y líder pacífico de la lucha por los derechos civiles de los negros, 1929-1968) contra la segregación tuvieron lugar en los años sesenta – época en la que se escribe la novela.

A este respecto, la familia Finch se sitúa en las antípodas de la sociedad en la que vive. Atticus trata a todos los hombres de la misma manera, ya sean blancos o negros, ricos o pobres, instruidos o no. Calpurnia forma parte de la familia y él no ve inconveniente en que Scout vaya a visitarla a su casa, en el barrio negro, ni tampoco en que los niños vayan a misa a una iglesia de la comunidad negra. Va a contracorriente debido a su actitud y a veces debe defenderse en el seno de su propia familia, sobre todo cuando su hermana Alexandra le aconseja que se separe de su cocinera.

La actitud racista de la mayoría de los habitantes del condado de Maycomb se explica por la dificultad general de aceptar las diferencias. Los adultos parecen encerrados en una red de principios y de reglas estrictas que dictan su comportamiento y rigen las relaciones entre ellos. Así, Mr Dolphus Raymond, que se casó con una mujer negra, finge ser un borracho para que lo dejen en paz, siendo su alcoholismo suficiente para justificar este desvío con respecto a los demás. Beatería y sectarismo, que se reservan a los blancos, caracterizan un gran número de personajes bastante duros, con frecuencia ridículos, del que forma parte Alexandra, moldeada según los principios inquebrantables que dictan lo que es conveniente y lo que no, la gente que puedes ver, la ropa que una señora debe llevar, etc. Estos rasgos son distintivos de las mujeres: a excepción de Alexandra, Stefania Crawford encarna por su parte la intolerancia maliciosa, mientras que Miss Caroline, la primera profesora de Scout, no encaja en el ambiente pobre y rural donde enseña debido a sus ideas pedagógicas.

Ambiente urbano y rural, miseria y riqueza, todo ello forma parte del sistema de valores de esta sociedad donde cada uno ocupa un lugar específico, sobre todo en este período inquietante que supuso la Gran Depresión – marcada por la crisis económica, el fuerte desempleo y el hambre que ocasionó el Crash de la Bolsa de 1929, cuyas repercusiones favorecieron en Europa el ascenso al poder de Adolf Hitler. De este modo, es imposible franquear las barreras entre castas y los pocos que intentan traspasarlas, acaban pagándolo muy caro, como Mayella Ewell, la joven presuntamente violada por Tom Robinson.

PISTAS PARA LA REFLEXIÓN

ALGUNAS PREGUNTAS PARA PROFUNDIZAR EN SU REFLEXIÓN...

- La Historia, ya sea de los manuales (guerra de Secesión) como de la historia individual (genealogía de los Finch), aparece como telón de fondo en varias ocasiones: ¿qué papel desempeña con respecto a los acontecimientos que vive Scout?
- Los ritos y las convenciones marcan la vida de los habitantes de Maycomb. ¿Son responsables de esta especie de letargo? ¿O, al contrario, representan una especie de armadura donde ocultarse de ciertas obligaciones?
- Analice de qué manera los personajes femeninos tiene un papel importante en la transmisión de las reglas y obtenga sus principales características. ¿No son los personajes femeninos positivos más parecidos a los hombres?
- Negros y blancos se frecuentan, pero, sin embargo, viven en mundos separados. ¿Cuáles son los momentos de la novela donde verdaderamente se encuentran ambos mundos?
- ¿En qué medida es el juicio un espectáculo, una especie de pieza de teatro de una tragicomedia humana?
- En raras ocasiones se describe físicamente a los personajes; revelan su interior gracias a sus actos y a sus palabras. Según esto, ¿podríamos obtener campos semánticos que definan a cada protagonista importante?
- En su opinión, ¿por qué ha tenido tanto éxito esta obra?
- Compare el libro con la adaptación cinematográfica realizada por Robert Mulligan. ¿Cuáles son las diferencias?

¡Su opinión nos interesa!
¡Deje un comentario en la página web de su librería en línea,
y comparta sus favoritos en las redes sociales!

PARA IR MÁS ALLÁ

EDICIÓN DE REFERENCIA

- Lee, Harper. 2009. *Matar a un ruiseñor*. Traducido por Baldomero Porta. Barcelona: Zeta Bolsillo.

ADAPTACIÓN

- *Matar a un ruiseñor (To kill a mocking bird)*. Dirigida por Robert Mulligan, con Gregory Peck, 1962.

www.resumenexpress.com

ISBN ebook: 9782806273796

ISBN papel: 9782806286420

Depósito legal: D/2016/12603/577

Cubierta: © Primento

Libro realizado por <u>Primento</u>, *el socio digital de los editores*